ÉLOGES

DE

M. TURC DE CASTELVEYRE,

ET DE

M. DOLIOULES.

ÉLOGES
DE
M. TURC DE CASTELVEYRE,
ET DE
M. DOLIOULES,

FONDATEURS des deux Hospices appelés *Maisons de Providence*, au Cap-Français, Isle Saint-Domingue;

Par M. MOREAU DE SAINT-MÉRY, Conseiller au Conseil-supérieur de Saint-Domingue, Président des Electeurs de Paris au mois de Juillet 1789, et des Représentans de la Commune; Député de la Colonie de la Martinique à l'Assemblée Nationale; Citoyen de la ville de Saint-Malo; des Académies de Rouen, la Rochelle, Orléans, Marseille, Richemont en Virginie, Philadelphie; des Musées de Paris, Bordeaux et Toulouse; de la Société d'Agriculture de Paris, etc. etc.

OUVRAGE qui a remporté le prix, au jugement de la Société Royale des Sciences et Arts du Cap-Français, au mois de Juillet 1790.

A PARIS,

De l'Imprimerie de G. A. ROCHETTE, rue Saint-Jean-de-Bauvais, Nos. 37 & 38.

M. DCC. XC.

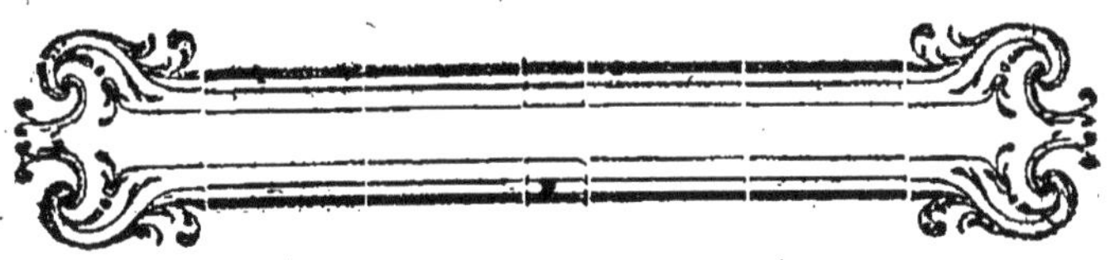

ÉLOGE

DE

M. TURC DE CASTELVEYRE.

LOUIS TURC DE CASTELVEYRE, Fondateur de l'hospice charitable, nommé *la Providence des hommes*, au Cap-Français, isle Saint-Domingue, reçut le jour à Martigues, petite, mais ancienne ville de Provence, à sept lieues de Marseille (1) le 25 août 1687. Il fut le troisième et le dernier enfant de Claude Turc, Viguier de la même ville, et de Marie Bonnel. Ajoutons qu'il naquit Gentilhomme, puisque les préjugés attachés à ce titre, semblent ajouter encore au genre d'utilité que Castelveyre a choisi.

(1) C'étoit une colonie de Marseille, sous le nom de *Maritima*, parce qu'elle est bâtie sur le bord de la mer. C'est la patrie de Gérard Tenque, fondateur de l'ordre des Chevaliers Hospitaliers de Saint-Jean-de-Jérusalem.

Son aïeul, aussi Viguier de Martigues, cédant à des institutions désavouées par la nature, qui place tous les enfans au même rang dans le cœur paternel, avoit choisi l'un de ses fils pour son héritier, et réduit chacun des deux autres à une légitime d'environ 4,000 livres. Cette espece d'injustice qui frappa sur le père de Turc, et les événemens qui détruisirent la fortune qu'on devoit attendre de son union avec Marie Bonnel, rendirent très-médiocre le sort de l'homme que nous avons à louer.

On lit dans une pièce revêtue de sa signature, *qu'il fut élevé dans de grands sentimens de charité pour les pauvres, et qu'il s'étoit employé dès sa jeunesse à leur procurer tous les soulagemens que ses facultés pouvoient lui permettre*. Il paroît même que cette charité étoit une vertu de sa famille. Bernard Turc, son grand-oncle, prêtre et prieur de Vernegues, fit en mourant une fondation pour marier, chaque année, deux pauvres filles du lieu. Louis Turc, cousin germain de Castelveyre, et chevalier servant dans l'ordre de Malthe, consacroit une partie de son revenu à secourir l'hôpital de Martigues, qui lui est redevable des lits de fer qu'on y voit encore.

Formé par de pareils exemples, prenant en

quelque sorte avec l'accroissement un goût plus vif pour le bien, Castelveyre a dû être, dès sa jeunesse, tel que nous venons de voir qu'il s'est peint lui-même.

Il est en effet des êtres qu'un penchant presque irrésistible porte vers la vertu. Ils la desirent, ils la cherchent comme l'aliment de leur ame. Heureuse destinée qui fait cependant moins de jaloux que les faveurs de la fortune et les succès de l'ambition !

Les recherches les plus exactes n'ont pu nous apprendre ce qui occupa Castelveyre jusques vers sa trentieme année ; mais le reste de sa vie est assez précieux pour nous suffire.

Presqu'au moment où il venoit de naître en Provence, M. Charron, créole du Canada, établissoit à Ville-Marie, dans l'isle de Montréal un hoſpice pour recevoir les orphelins, les estropiés, les infirmes et les vieillards.

Ce citoyen estimable passa en France en 1716, pour solliciter une nouvelle grâce du gouvernement : c'étoit d'accorder à son hospice des maîtres pour l'enseignement de la jeunesse. Le législateur convaincu de l'influence de l'éducation sur les mœurs publiques et privées, et sur le bonheur ſocial, accueillit cette demande ; et ce fut au moment où M. Charron cherchoit des inſtituteurs dignes de ce titre glorieux, des hommes propres à former des citoyens, qu'il connut Castelveyre.

Quand on est capable d'élever un hospice, comme celui de M. Charron, lorſqu'on porte avec orgueil le nom et l'habit d'hospitalier, et que l'un et l'autre inspirent le respect et la reconnoissance dans l'étendue d'une vaste contrée, on ne parle ſans doute soi-même des devoirs sacrés qu'on s'est imposés, qu'avec une espece de vénération, et l'on doit commander ce sentiment aux autres. Voilà sûrement l'impression que produisoit M. Charron, lorsqu'il entretenoit du temple qu'il avoit élevé à la bienfaisance, dans une terre ou l'Européen a répandu assez de maux, pour qu'il doive chercher à y montrer quelques vertus. Qu'on juge d'après cela ce qui dut se passer entre Charron & Castelveyre, lorsque des circonstances que nous ignorons, les eurent réunis ! Ah ! si la sympathie n'est pas une chymère, combien son effet doit être vif quand c'est le desir de soulager l'humanité foible, malheureuse et souffrante qui la fait naître !

Ils partirent en 1719 pour le Canada (1);

---

(1) Au mois de juin, sur la flûte du roi LE CHAMEAU.

mais à peine le voyage fut-il commencé, que M. Charron se sentit mortellement atteint de la maladie qui l'enleva le 17e jour de la traversée. Il fit un testament, non pas pour y déposer les derniers regrets de l'orgueil expirant, mais pour offrir de purs témoignages d'estime et d'attachement, seuls dons qui lui restassent, puisqu'il s'étoit dépouillé en faveur des pauvres. Castelveyre y étoit nommé pour la modique somme de dix pistoles, mais il étoit destiné à recueillir un legs plus précieux, celui de la confiance de M. Charron. Cette confiance détermina celle des administrateurs et de l'évêque du Canada, qui choisirent (1) Castelveyre pour succéder à M. Charron, en qualité de supérieur des *Hospitaliers de la Croix de Saint-Joseph*, sous le nom de *Frère Chrétien*, qu'il adopta comme propre à lui rappeller sans cesse, les qualités que son nouvel emploi rendoit si nécessaires.

Ainsi celui dont la vocation étoit d'aimer et de soulager les pauvres, les infortunés, eut pour devoir continuel d'adoucir et leurs maux et leurs misères. Heureux si son zèle trop ardent ne l'eût pas trompé sur les moyens d'être utile

---

(1) Le 19 septembre 1719.

à l'hospice dont il étoit devenu le chef, ou s'il eût trouvé dans son esprit autant de ressources que dans son cœur !

Castelveyre avoit déjà rempli depuis deux ans la place de supérieur d'une manière digne d'éloge, quand sa communauté crut utile aux intérêts de l'hospice de l'envoyer en France, et de le charger de soins qui auroient exigé des talens exercés dans le commerce (1). Il n'avoit cependant jamais eu l'occasion de les acquérir ; et peut-être même étoient-ils de nature à lui demeurer toujours étrangers par son inaptitude pour les affaires de ce genre. Une bonne foi excessive étoit la source de ce défaut, estimable sans doute, mais bien dangereux, puisqu'il livre l'homme de bien à la merci de tous ceux qui se font une étude de ne le pas imiter.

Le frere Chrétien arrive à la Rochelle, port qui avoit, à cette époque, presque exclusivement, toutes les relations du Canada ; il y forme des liaisons d'intérêt. Nouvel apôtre, il va dans plusieurs villes du royaume, et notamment dans la capitale ; on voit même par un article de ses comptes, qu'il voyageoit à pied

---

(1) Les pouvoirs de cette communauté sont du 22 septembre 1721.

puisque sa dépense s'élève à peine à plus d'un sou par lieue. Par-tout il vante l'hospice de Montréal, il échauffe, il persuade, et repart en 1722 (1), avec des instituteurs et avec des ouvriers pour établir des manufactures.

Ce premier voyage fait avec quelque succès en fit desirer un autre, que le frère Chrétien effectua à la fin de la même année (2). Ce retour augmenta son crédit, mais il ne sut pas se défendre d'une foule de spéculations qu'il étoit facile de lui présenter sous un coup-d'œil avantageux, et auxquelles il se livra en 1723, et en 1724. D'un autre côté, il ajouta à la dépense de la maison de Ville-Marie, celle d'un Séminaire à la Rochelle (3), destiné à fournir des instituteurs aux enfans Canadiens.

Cependant ceux qui lui avoient vendu ou prêté, commencerent à murmurer. Peu s'en

---

[1] Au mois de juin, sur la flûte du roi le chameau.

[2] La nouvelle procuration qui fut donnée au frere Chrétien est du 3 octobre 1722.

(3) Ce séminaire se forma d'une maison où M. l'évêque de la Rochelle avoit établi des maîtres d'école pour l'utilité de cette ville. M. l'évêque de Quebec avoit adoptè l'union de la maison de Ville-Marie à celle de la Rochelle ; les hospitaliers l'approuverent même, suivant un acte du 22 octobre 1724 ; mais cette union dura peu par l'impuissance de soutenir les dépenses qu'elle occasionnoit aux hospitaliers.

fallut même que sa liberté ne fût compromise à la Rochelle, par l'impatience d'un créancier. Mais sa conduite étoit si franche, ses vertus si publiques, qu'on n'osa pas le traiter comme coupable de retards, dont sa délicatesse elle-même avoit tant à souffrir.

L'année 1725 arriva, et le frère Chrètien étoit chargé de dettes. Le desir de les acquitter plus promptement, et l'espoir d'y parvenir, le déterminèrent à passer à Saint-Domingue, où il vouloit établir un commerce des pêcheries et de la brasserie de l'hospice de Montréal.

A peine débarqué à Léogane, toujours entraîné par son véritable penchant, le frère Chrétien, abandonne ses idées lucratives, et se livre tout entier à celle de fonder dans cette ville un asyle pour les pauvres. Le préfet-apostolique (1) de la mission des Jacobins, chez lesquels son habit religieux lui avoit fait trouver l'hospitalité, l'affermissant dans ce dessein, il commença l'établissement d'un hospice qui eut pour base la bienfaisance de plusieurs colons. Le frère Chrétien vouloit unir par la charité le Canada, la France & Saint-Domingue. Livré à ce plan si propre à séduire, il ne sen-

---

[1] Le pere Vassal.

toit pas que le seul amour du bien, quelque ardent qu'il puisse être, ne suffit pas toujours pour assurer les succès.

Ses créanciers lassés d'attendre se plaignirent et en France, et en Canada. Les hospitaliers eux-mêmes l'accusèrent hautement d'imprudence. Tant de clameurs élevées à la fois, portèrent le ministre de la marine (1) à écrire au gouverneur de Saint-Domingue d'avertir le frère Chrétien de repasser en Canada, ou de l'y envoyer s'il ne s'y prêtoit pas volontairement.

On ne sait pourquoi le frère Chrétien avoit déplu à ce gouverneur (2), qui ne lui avoit jamais montré qu'un éloignement mêlé de défiance. Prévenu par des avis particuliers et allarmans, que le ministère cherchoit à attaquer sa liberté, il eut la foiblesse de fuir, privé de toutes ressources, dans la partie Espagnole de cette colonie.

Il y passa trois années en proie au chagrin et à la misère; mais instruit qu'on lui imputoit en Canada la mauvaise foi la plus déshonorante, il revint dans la partie Française, résolu de

(1) Le 19 mars 1726. [M. le comte de Maurepas.]
(2) M. le chevalier de la Rochalar.

s'embarquer pour aller à Québec. Il y eut à peine paru qu'il fut arrêté (1) par les ordres du gouverneur (2), et conduit comme un criminel à bord d'un vaisseau (3), d'où il fut transféré, en arrivant dans la rade de l'isle d'Aix, sur un autre vaisseau (4), qui le porta au Canada.

Il trouva à combattre dans cette colonie, et la prévention que sa conduite inconsidérée sembloit excuser, et les moyens que la chicane inspiroit à ses adversaires, qui hardis à l'accuser, tandis qu'il étoit absent, espéroient du moins lasser sa patience, lorsque son retour imprévu les avoit déconcertés. Mais le frère Chrétien avoit senti sa probité blessée, et il ne lui fallut pas d'autre excitateur. Enfin un jugement, long-tems desiré, puisqu'il ne fut rendu que le 22 avril 1735, condamna les frères hospitaliers à lui rembourser une somme, qui réunie à celles qu'il avoit déjà abandonnées à ses créanciers, suffit pour l'acquitter de tous ses engagemens envers eux. Telle fut même l'impression que produi-

(1) Au Fort-Dauphin.

(2) M. le chevalier de la Rochalar.

(3) Commandé par M. de Macnemara.

(4) Au mois de juillet 1728, sur la flûte du roi le Profond, commandée par M. le comte Desgouttes.

sirent sur les juges et les vertus et l'infortune du frère Chrétien, qu'ils lui adjugèrent 500 liv. pour subvenir aux besoins les plus impérieux, et dont il étoit accablé (1).

C'est une situation vraiment touchante que celle d'un homme qui n'ayant d'autre pensée

(1) Sur la demande des créanciers du frère Chrétien, M. Hocquart, intendant du Canada, rendit une ordonnance le 3 Décembre 1729, par laquelle il s'évoqua la connoissance des contestations subsistantes entre lui et ses créanciers, et en renvoya la décision au procureur-général du conseil-supérieur de Québec, pour y pourvoir sommairement.

Le 27 juin 1730, le frère Chrétien abandonna à ses créanciers, 1°. ce qui pouvoit lui être dû par le sieur Bercy, négociant à Québec, qui avoit été son agent dans les opérations de commerce, et par les frères hospitaliers; 2°. ce qu'il avoit entre les mains des frères des écoles de la Rochelle; et 3°. environ 7,000 livres qu'il avoit laissées à M. Canelée, marchand à Léogane.

Le 23 janvier 1731, un arrêt du conseil d'état évoqua toutes les contestations entre le frère Chrétien, ses créanciers, les hospitaliers et M. Bercy, et les renvoya pardevant le gouverneur-général, l'intendant et le procureur général du Canada, pour y statuer en dernier ressort.

Il résulte du Jugement du 22 avril 1735, que le frère Chrétien fut reconnu créancier de l'hospice de Montréal, de 24,940 livres 10 sols 9 den. qui portèrent à 61,000 liv. l'abandon qu'il avoit fait à ses créanciers, somme plus qu'égale à ses engagemens, qui montoient à 59,368 liv. 9 s. 4 d.

Toutes les parties de ce jugement renferment des hommages rendus à la probité rigoureuse, et sur-tout au désintéressement du frère Chrétien.

que celle d'être utile, d'autre passion que celle du bien, se trouve réduit à la plus affreuse indigence, après dix-huit années de travaux, de soins, de dangers et d'une espèce de persécution ! Combien d'autres y auroient succombé ! Mais le frère Chrétien a sa conscience, et ce courage que les malheurs semblent accroître encore chez les êtres vertueux.

Dans cet état de détresse, il jette un regard sur Saint-Domingue, et l'espérance renaît dans son cœur. Il prend la résolution de quitter le Canada, non sans regret, non sans en inspirer lui-même aux hommes estimables de cette contrée, célèbre par le courage et plus encore par le patriotisme de ses habitans, qui leur a fait préférer l'exil et la pauvreté, à la nécessité de se soumettre au joug de l'Angleterre.

Le frére Chrétien ne va point à Léogane, où tout lui retraceroit des souvenirs douloureux ; mais au Cap, où un charme secret l'attiroit.

C'est ici que commence, en quelque sorte, une existence nouvelle pour celui qui veut être connu désormais à Saint-Domingue, sous le nom de *Turc de Castelveyre*, et même communément sous celui de *Castelveyre* seul, tiré d'un

canton

canton de Saint-Mitre, lieu de son origine maternelle.

Débarqué au Cap en 1735, les enfans devinrent les premiers objets de ses soins. C'est un malheur attaché à la paternité, dans la plupart de nos colonies, que la nécessité de se séparer des objets de la tendresse la plus vive, pour les envoyer à travers les périls de la mer, chercher en Europe une éducation, qui mal dirigée, ou peu surveillée, ne répond pas toujours à l'espoir des parens. Mais un malheur plus grand encore, c'est l'impuissance ou ceux-ci ne se trouvent que trop souvent de subvenir aux dépenses de cette éducation, et qui les force à garder leurs enfans dans des lieux où tout enseignement leur manque.

Castelveyre se consacra donc à donner à ceux du Cap, ces notions premières, que les progrès de l'esprit humain font en quelque sorte compter pour rien, quoiqu'elles soient au rang de ses plus belles conceptions, puisqu'elles enseignent à voir, à saisir et à transmettre les idées en leur donnant un corps. A ces leçons simples, il mêloit celles d'une morale que les vicissitudes avoient épurée, et qui étoit propre à élever l'ame de ses jeunes disciples jusqu'à l'amour des vérités pratiques qui rendent l'homme citoyen et ami de la vertu.

Mais cette œuvre laborieuse et méritoire ne l'empêche pas de remarquer que des personnes infirmes, que celles nouvellement arrivées d'Europe errent de tout côté privées de secours. Ce spectacle touchant lui inspire l'idée d'allier un nouveau devoir à ceux qu'il s'étoit imposés, et déjà il ouvre un asyle aux malheureux dans sa propre maison.

Les Jésuites alors missionnaires de la partie du nord de Saint-Domingue, ne furent pas les témoins indifférens d'un zèle aussi généreux. Ils l'excitèrent au contraire par les éloges, par les aumônes. Ce sentiment approbateur se propagea, et Castelveyre trouva plusieurs colons, dans le nombre desquels on peut citer MM. Prost et Dubuisson, négocians du Cap-Français, qui secondèrent ses vues. L'ardeur de Castelveyre s'accrut avec ses ressources. Il avoit toujours entr'autres infortunés, des orphelins, des enfans privés de tout appui; et les conduisant par la main chez ceux dont il alloit solliciter la bienfaisance, il leur montroit ainsi dans ces objets touchans et si chers à sa sollicitude l'emploi qu'il faisoit des fruits de la charité publique.

Castelveyre parvint même à acquérir deux

terreins dans la ville du Cap, et MM. de Larnage & Maillart, ces deux chefs que les colons de Saint-Domingue ne nomment qu'avec un sentiment de reconnoissance, crurent digne du souverain qu'ils savoient faire aimer à une aussi grande distance, de lui en concéder un troisième. L'ambition du bien public s'accrût encore dans les coopérateurs de Castelveyre. L'ordonnateur de la marine (1) et le procureur-général du conseil-supérieur du Cap (2), auxquels il avoit annoncé un projet plus vaste, l'engagèrent à acquérir une petite habitation (que l'agrandissemeut de la ville a fait entrer depuis dans son enceinte,) et les membres de ce conseil-supérieur fournirent la somme qui manquoit pour cet achat (3). Castelveyre se trouva donc à même de soulager un plus grand nombre de malheureux, qui, sans lui, sans son exemple, n'auroient peut-être jamais rien obtenu.

Ces succès multipliés et rapides, puisque cinq ans avoient suffi pour les réaliser, renouvelèrent dans sa pensée le souvenir de ce qui lui

---

[1] M. le Normand de Mézy, depuis adjoint au ministère de la marine en 1758, et existant à Paris en 1790.

[2] M. Juchereau de Saint-Denis.

[3] Leur cotisation se monta à 14,800 liv.

étoit arrivé en Canada. Il alloit avoir des affaires à diriger, une administration de biens à suivre; et chassant loin de lui les insinuations d'un perfide amour-propre, il mit le sien à avouer qu'il n'étoit pas capable de soins de ce genre. En conséquence il arrête de s'en dépouiller et de confier à des mains plus habiles ce qu'il ne regardoit que comme le patrimoine des pauvres. Il ne se réserve qu'une espèce de droit, si l'on peut l'appeller ainsi, celui d'en indiquer la destination particulière.

Ce fut dans cet esprit qu'il présenta au conseil du Cap, le 12 Novembre 1740, une requête, où après avoir exposé ce qu'il avoit eu le bonheur de faire, il déclare abandonner tout ce qu'il possède pour former un établissement où l'on recevra les enfans, les vieillards, les infirmes, les incurables, et les hommes qui arrivant de France, se trouvent sans asyle et sans secours (1), Cet acte qui imprime la vénération, n'est pas d'une vertu commune sans doute, mais il est accompagné d'un autre, qui le rend plus éclatant encore.

Castelveyre en se dépouillant de biens dont il ne vouloit se croire que le dépositaire, en re-

---

(1) Voyez les Loix et Constitutions des Colonies françaises de l'Amérique sous le Vent, tome 3, page 641.

nonçant à la faculté d'en appliquer lui-même les produits pour l'exécution de ce qu'il avoit institué, montroit une défiance de soi digne de louange, mais à cette abdication il joint un véritable sacrifice ; *son intention*, ajoute-t-il, *est de se consacrer le reste de sa vie à cet établissement, sans autre récompense que le plaisir de pouvoir être de quelque utilité.* Ces expressions simples annoncent assez qu'il ne trouve pas pénible l'engagement sacré qu'il prend avec les malheureux , puisque c'est presque à titre de grace qu'il implore d'être compté parmi ceux qu'il appelle dans le temple de la pitié. Mais il faut un nom à l'hospice offert presque tout-à-coup, aux indigens, aux foibles , aux souffrans; Castelveyre lui donne celui de *Providence* : mot sublime & touchant, destiné à rappeler à l'homme qu'une puissance consolatrice veille sans cesse sur lui.

Convaincu qu'il doit désormais l'exemple à tous ceux auxquels il s'est associé après les avoir adoptés, Castelveyre prend l'uniforme grossier de son nouvel état; son unique distinction est d'être choisi pour Hospitalier (1), c'est-à-dire ,

---

[1] Il est nommé à ce titre par arrêt du conseil-supérieur du Cap, du 8 mars 1741. Voyez Loix et Constitutions des Colonies françaises de l'Amérique sous le Vent, tome 3, p. 659.

d'être chargé de devoirs multipliés et plus utiles. Il vit et mange avec les pauvres. Il les soigne, les panse, les encourage et les console. Il va sur le rivage attendre ceux que la curiosité, la misère, l'imprudence, des motifs graves peut-être amènent d'Europe, et il les conduit dans un séjour où l'hospitalité est touchante, du moins, si elle ne peut encore être généreuse. Il cherche avec empressement des occupations, des emplois, pour ceux qu'il a recueillis ; son cœur est par-tout, il échauffe ceux qui lui sont analogues.

Un talent remarquable de Castelveyre, et le plus difficile peut-être, étoit d'attirer à lui quelques individus d'une classe que ses préjugés ne garantissent pas de l'infortune et des horreurs du besoin. Et quelle leçon plus persuasive que l'exemple ! Castelveyre cachant la noblesse de ses aïeux sous un habit de bure, et montrant qu'il est une noblesse réelle fondée sur les vertus, étoit bien fait pour consoler l'orgueil. Aussi pendant qu'il fut hospitalier de la Providence, il inspira à plusieurs personnes d'une naissance distinguée le courage d'y entrer, sinon sans douleur, du moins sans honte.

Quant au caractère de Castelveyre, il peut

se peindre d'un trait. Il avoit rempli une partie du terrein de la Providence d'arbres fruitiers. *Vous serez volé*, lui disoit-on. *Ah !* répondit-il, *j'en planterai tant, qu'il y en aura même pour les voleurs.*

Un homme aussi recommandable ne fut cependant pas à l'abri de la calomnie, qui l'accusa d'avoir voulu s'approprier une esclave, et d'avoir eu avec elle un commerce illégitime. (1) Il eût moins de peine à dévoiler une trame ourdie par la méchancetée, qu'à arrêter l'indignation des juges qui vouloient punir avec éclat l'outrage fait à ses mœurs et à sa probité.

Aux jours principaux de l'année, des habitans riches envoyoient à la Providence et des provisions et des rafraîchissemens. C'étoient des jours de fête pour Castelveyre, parce qu'ils

---

[1] Un blanc employé au service de la Providence, ayant été renvoyé pour inconduite, il en détourna une négresse, nommée Marguerite. Piqué de ce que Castelveyre l'avoit fait chercher avec succès, il excita une vieille femme de couleur [la veuve le Clerc] à réclamer Marguerite comme sa propre esclave. La fugitive parla le langage qu'on lui avoit dicté, et soutint même qu'un jeune mulâtre étoit le fruit des foiblesses de Castelveyre pour elle. Mais la véritable mère du mulâtre Jean-Pierre se présenta, et la calomnie fut manifestée.

adoucissoient le sort des malheureux qu'il égayoit de sa joie.

Les chefs de la colonie alloient quelquefois visiter la Providence. Nous avons dit qu'elle se forma sous l'administration de MM. Larnage et Maillard, qui sembloient avoir fécondé toutes les vertus dans ce climat lointain, tant l'influence des leurs étoit grande sur la félicité publique. Les éloges de ces chefs étoient un nouvel aiguillon pour Castelveyre.

Enfin ne se démentant jamais, opiniâtre dans le bien, si cette expression est permise, il accomplit le vœu qu'il avoit formé de consacrer le reste de ses jours à la Providence, où la mort l'enleva le 21 mars 1755, dans sa 67e année. Cet âge permettoit d'espérer encore de lui des secours précieux, si sa vie active et laborieuse, si les chagrins qu'il avoit éprouvés en Canada, n'avoient pas altéré sa constitution (1). Il mourut avec le calme que donne le témoignage d'une conscience exempte de remords. On lui accorda une pompe funèbre qui honora moins son cercueil que les larmes du peuple, et sur-

---

[1] Castelveyre étoit un homme de cinq pieds quatre pouces, gros, un peu voûté, les épaules fortes, le nez épaté. Sa figure annonçoit la douceur et la bonté.

tout celles des malheureux qui le suivoient en foule (1).

Quelle surprise ne vais-je pas faire éprouver, en disant, après cela, qu'on parcourt tout l'hospice de la Providence, sans trouver nulle part le nom de son fondateur ! Ce n'étoit pas dans le caveau de la paroisse, sépulture de ceux que la vanité veut qu'on distingue, lors même qu'ils ne sont plus, mais dans l'enceinte du temple qu'il avoit consacré, que sa cendre auroit dû être mise. Son ombre eût pu errer autour de l'asyle où il fut durant 15 ans, confondu avec les infortunés qu'il y avoit réunis. Pourquoi lorsqu'il est tant de marbres imposteurs qui célèbrent des noms dévoués à l'oubli, à la haine, au mépris peut-être, le nom de Castelveyre est-il enseveli avec lui dans la tombe ?

Et que faut-il donc pour mériter la reconnoissance ? Combien de voix devroient s'élever dans les deux mondes pour célébrer les louanges de ce mortel vertueux. Mais l'orgueil les étouffe, parce qu'on rougiroit d'avouer l'origine

---

(1) Il a été enterré le même jour 21 mars 1755 dans le caveau de l'église du Cap. Son extrait mortuaire lui donne le titre de *Fondateur et premier Directeur de la Providence des hommes.*

de richesses dont l'hospice de la Providence a été la première cause. Combien ce silence rend plus recommandable l'artiste accueilli dans cet hospice, qui depuis a employé son ciseau à en embellir la chapelle, afin qu'il y restât une preuve de sa gratitude, dans un tems où les faveurs de la fortune sembloient lui commander d'être ingrat (1).

Et quel homme a eu une influence plus marquée que Castelveyre sur le sort des malheureux ? Dès 1739, son exemple avoit portée M. Dolioules (2) à léguer sa maison pour former au Cap un hôpital destiné aux pauvres femmes; à ces infortunées que la foiblesse de leur sexe, les devoirs et les dangers de la maternité livrent plutôt aux besoins. C'est la Providence du Cap qui a fourni l'idée et le modèle de celle fondée au Port-au-Prince, dès 1776, par la charité de quelques citoyens (3), et confirmée par des lettres-patentes du 3 janvier 1789. C'est la Providence qui a servi d'a-

[2] M. Adde.

[2] Voyez à la suite de cet éloge.

[3] M. l'abbé Moreau, curé de cette ville; Messieurs Gourreau, Boissonnière de Mornay, Chastelier et du Crabon, tous quatre habitans; et M. le Remboure, négociant. Leur exemple a eu des imitateurs.

syle à des milliers de défenseurs, blessés au service de la patrie durant la derniere guerre (1); enfin, c'est sur le terrein de la Providence, qu'un affranchi-negre a construit à ses frais une maison où il prodigue ses soins aux individus de sa classe. C'est-là que depuis 34 ans, 15 ou 20 infortunés font l'utile et continuelle épreuve de sa compatissante vertu (2).

---

[1] On y a vu alors jusqu'à neuf cens malades. Cette maison reçoit ordinairement environ cent personnes. On lit sur la porte principale cette inscription latine :

Hîc Divitum donis Pauperes curantur.

C'est-à-dire :

Le Riche par ses dons soulage ici le Pauvre.

(2) Jasmin, né en Afrique, à la Côte-d'Or, vendu à Saint-Domingue en 1736, à M. Thomazeau, maçon au Cap, qui lui enseigna son métier, fut laissé par lui en mourant à M. Louis, qui favorisa Jasmin, et le fit affranchir en 1746. Jasmin se maria la même année, à Marie Catherine, négresse de la Côte-d'Or, aussi affranchie à cause de ses bons services.

Le spectacle des hommes de couleur, libres, manquant de ressources dans la ville du Cap, porta en 1756 le pere Daupley, Jésuite, curé des Négres, à chercher quelqu'un qui voulût leur construire un réduit sur le terrein de la Providence fondée par Castelveyre. Jasmin qui fixa son choix, éleva trois mois après, à ses propres dépens, une maison en maçonnerie, où depuis cette époque il consacre ses soins, ceux de sa femme, de douze de ses esclaves, et sa propre fortune, au soulagement de l'humanité souffrante.

Jasmin existe, sa charité est vivante, et à peine sait-on dans la

Et cependant Castelveyre n'est nommé nulle part! L'auteur célèbre de l'ouvrage sur les deux Indes, et quelques autres ont parlé avec éloge de la Providence, mais pas un seul n'en a fait connoître le Fondateur (1). Les détails qu'on publie dans la colonie même sur cet hospice, sont inexacts (2).

Ne sembleroit-il pas que ce qui n'est qu'utile ne soit pas fait pour inspirer un vif intérêt. Si la frivolité crée un objet quelconque, si l'adu-

---

ville qu'il habite le bien qu'il y fait. Il a soixante-seize ans. Il vouloit employer une partie de sa fortune à consolider, à augmenter son établissement; mais le gouvernement lui a opposé de l'indifférence ou des motifs ridicules. La société qui a proposé un prix pour l'éloge de Castelveyre, ne trouvera-t-elle pas digne d'elle d'étayer, de nouveau, les justes réclamations de Jasmin, qui voudroit se dépouiller en faveur des pauvres? Les colons la seconderont, sans doute, à présent qu'ils ont une part à leur propre administration, et qu'ils seront juges eux-mêmes de la nature des encouragemens dont l'établissement fait par Jasmin est susceptible.

Je dois dire que la Société Royale d'Agriculture de Paris a accordé, par sa délibération du 26 mars 1789, une médaille d'or à Jasmin, comme un prix de VERTU RURALE, attendu qu'il emploie les productions d'une petite habitation qu'il possede au quartier du Morne-Rouge, à l'utilité de son hospice.

(1) M. Hilliard d'Auberteuil; M. Dubuisson.

(2) On trouve dans l'Almanach de Saint-Domingue (depuis l'époque de 1779 seulement) une notice servilement copiée chaque année, et qui attribue également l'origine des deux maisons de Providence des hommes et des femmes à M. Turc de Castelveyre.

lation éleve un monument, tout le monde veut en connoître l'histoire ; on n'est insouciant en quelque sorte que pour celle des bienfaiteurs du genre humain. Belle leçon pour ces hommes qui ne cherchent qu'une vaine renommée, et qui ne savent pas se dire comme Castelveyre, je fais le *bien sans autre récompense que le plaisir de pouvoir être de quelque utilité.*

Mais qu'importe, après tout, le nom de celui à qui l'on doit de tels bienfaits, puisqu'on peut le bénir et le révérer sans le nommer ! Le malheureux qui trouve dans l'hospice créé par Castelveyre, un asyle où il peut fuir à la fois et la misère et la mort, n'en chérit pas moins l'auteur de tant de biens, quoiqu'il lui soit inconnu.

Cependant la Société royale des Sciences et Arts du Cap-Français (1) composée d'hommes volontairement associés en 1784, pour travailler à tout ce qui peut être avantageux à une aussi brillante colonie, n'a pas voulu partager cette coupable indifférence. Convaincue que l'éloge des vertus est un des moyens de les

---

[1] C'est le nom que des lettres-patentes du 17 mai 1789 ont donné au CERCLE DES PHILADELPHES en confirmant cet établissement utile.

propager, et que c'est faire un noble usage des talens, que de les employer à célébrer les hommes utiles, cette société a promis dès le 11 mai 1785, une médaille d'or à celui qui feroit bien connoître les deux Fondateurs des Providences, morts l'un trente ans, l'autre quatorze ans avant qu'on ait songé à protéger ces établissemens par des lettres-patentes (1). C'est pour essayer de répondre aux vues de cette précieuse corporation; c'est du moins pour exciter des efforts plus heureux que les miens, et pour exprimer mes propres sentimens sur ceux dont elle veut arracher les noms à l'oubli, que j'ai recherché ce qui pouvoit leur assurer des droits à la reconnoissance de tous ceux qui sont nés sous la domination Française.

Et en effet, ce n'est pas seulement parce que Castelveyre fut homme de bien, et que tous ceux de cette classe appartiennent à l'humanité entière, que son éloge peut être lu avec intérêt dans la métropole comme dans les colonies. On a vu que Castelveyre né en France, a fondé en Amérique un hospice particulièrement destiné aux Européens, que des motifs quelconques, et trop souvent la soif des richesses conduisent

---

[2] Elles sont du premier juillet 1769.

sur un rivage brûlant, où la maladie et le besoin les attendent fréquemment. Il a voulu montrer par-là que les François, soit qu'ils habitent la France ou l'Amérique ne forment qu'un seul peuple, qu'une seule famille.

Homme vertueux, dont les bienfaits ont resserré les liens qui unissent les deux mondes! Toi qui dans la plus brillante de nos colonies a consacré un asyle à l'infortune, puisse la voix d'un Américain ne pas paroître trop foible à tes compatriotes, à mes concitoyens! Puisse ta mémoire, trop long-tems inhonorée, recevoir de la postérité la plus reculée, le tribut d'attendrissement et de gratitude que tu as si bien mérité (1)!

---

[1] Turc de Castelveyre a eu une sœur appelée Claire, née le 24 février 1683; et un frere appelé Bernard, né le 21 septembre 1685. Bernard mourut jeune. Du mariage de Claire avec M. Jaubert est provenue une fille, mariée à M. Antoine Eymin, et qui fut la mere de madame veuve Tardieu actuellement vivante en Provence. C'est tout ce qui subsiste de la famille de Castelveyre.

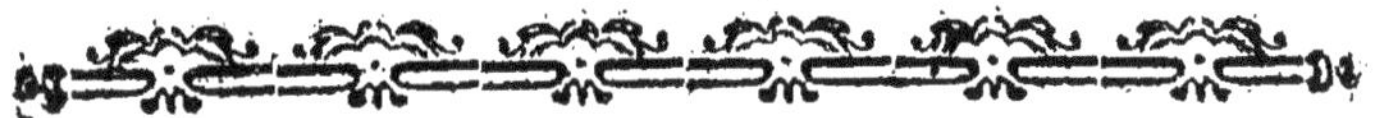

ÉLOGE

DE M. DOLIOULES.

L'INDIFFÉRENCE inexcusable qu'on a montrée long-tems à Saint-Domingue, pour la mémoire de deux hommes qui ont été dans cette ville les fondateurs des *Maisons de Providence*, est devenue encore plus funeste à l'égard de M. Dolioules, dont les bienfaits, confondus avec ceux de M. Castelveyre, par une administration commune, ont été moins remarqués.

On ne trouve en quelque sorte rien de purement personnel à M. Dolioules; mais en parlant de l'établissement dû à son ame compatissante, on l'aura dignement célébré.

François Dolioules, né en France, et maître Maçon au Cap-Français, conçut le projet de donner une maison qu'il possédoit dans cette ville, aux Religieuses de Sainte-Marie, qui y sont chargées de l'éducation des jeunes personnes du sexe. Il manifesta ce dessein par son contrat de mariage qui contient cette donation ; mais il en renvoya la jouissance après la mort de sa femme.

Si Dolioules ne persévéra pas dans ce premier projet, on peut dire que ce fut pour lui en substituer un autre non moins utile, et dont il n'est pas difficile de soupçonner le motif. Dolioules habitoit le même lieu que Castelveyre. Témoin de ses vertus, de ses soins, de ses succès, il conçut la pensée de former un asyle, où seroient reçues les infortunées qui, éprouvant les horreurs de l'indigence, semblent encore plus malheureuses, en ce que des convenances sociales ou des préjugés orgueilleux les condamnent à taire les tourmens de la misère, et même à rougir lorsqu'ils sont adoucis par la bienfaisance. Ainsi Dolioules remarquant ce que Castelveyre sembloit avoir laissé échapper, ou ce qu'il ne lui avoit pas été possible de comprendre dans son plan, s'empressa de le recueillir et sut, si je puis m'exprimer ainsi, trouver une seconde moisson après lui.

Par son testament du huit mai 1739, Dolioules donna donc *sa maison en maçonnerie, emplacemens, circonstances et dépendances, pour fonder un hôpital destiné aux pauvres femmes honteuses de la paroisse du Cap.* Il ne survécut que de deux jours à cet acte de générosité religieuse, dont l'exécution étoit soumise à la durée de la vie de son épouse, qu'il évitoit toujours de dépouiller d'une jouissance à laquelle ce titre lui assuroit des droits.

Dolioules, mort dans sa quarante-cinquième année, fut suivi de très près par sa moitié. Le décès de celle-ci devint l'époque d'une contestation élevée par les Religieuses (qui vouloient faire revivre la donation insérée en leur faveur dans le contrat de mariage de Dolioules) contre le curé du Cap chargé de l'exécution du testament, les marguilliers le soutenant pour l'intérêt des pauvres, le curateur aux successions vacantes, dépositaire à ce titre de celle de Dolioules, et enfin les administrateurs de la Providence fondée par Castelveyre, qui réclamoient la direction du nouvel établissement, en s'appuyant sur l'analogie de leur hospice avec celui projetté par la charité de Dolioules.

Un jugement de la Sénéchaussée du Cap, rendu le 10 novembre 1741, déclara nulle la donation faite aux religieuses, comme révoquée par le testament. Et attendu le défaut d'autorisation du prince pour établir légalement l'hôpital des femmes, ce tribunal renvoya, à cet égard, les administrateurs de la Providence,

(comme il l'avoit déja prescrit le 25 avril 1740, avant la réclamation des dames religieuses) à en solliciter une provisoire des représentans du Roi dans la colonie.

Un appel des Religieuses, encore fondé sur la donation, prolongea la discussion jusqu'au huit mars 1743, qu'un arrêt du Conseil-supérieur du Cap confirma le jugement de la Sénéchaussée. Ce fut le 29 du même mois que MM. de Larnage et Maillart, auxquels il semble que les fréquentes occasions de servir la Colonie venoient se présenter comme pour nourrir l'attachement qu'ils avoient pour elle, s'empressèrent de confirmer, sous le bon plaisir du souverain, les vues utiles d'un citoyen dont le nom devroit être moins ignoré.

Dès que les administrateurs de la Providence furent en possession de la maison laissée par Dolioules, on la plaça sous l'invocation d'une Sainte, qui, précipitée durant quelque temps par la fortune, du faîte des grandeurs d'une cour, jusque dans l'abyme de la misère, tira de cette cruelle vicissitude la leçon utile de ne se plus fier aux avantages que le sort dispense, et sut fonder son bonheur sur sa bienfaisance envers les pauvres et les infortunés, dont elle avoit appris à juger les douleurs par sa propre expérience.

Le nom de *Providence Sainte-Elisabeth* fut donc celui de l'hospice de Dolioules, où l'on réunit les femmes qui existoient dans un autre.

Pour entendre ce qui a rapport à cette translation, il est indispensable de savoir que durant le procès de la succession Dolioules, le curé du Cap, et les administrateurs de la Providence des hommes, acheterent une maison pour recevoir provisoirement les pauvres femmes malades. On lui donna le nom d'hôpital S. Joseph (1). Il lui fut conservé pendant qu'on disposoit le terrein de l'hospice Dolioules ; et les dépenses de cet établissement n'étant secondées que par des aumônes et par le sacrifice généreux que lui faisoient les curés du Cap de tout leur casuel, il fut lent à se former. Enfin on y plaça celles qu'y appelloit la volonté de Dolioules, et alors il n'y eût plus d'hôpital S. Joseph.

Mais comme l'administration de l'hospice

---

[1] C'est aujourd'hui, en 1790, une maison appartenante aux Providences du Cap, et située dans cette ville, au coin des rues Saint-Joseph et Vaudreuil.

Sainte-Elizabeth, qui avoit été abandonnée aux pasteurs du Cap, parce qu'ils en faisoient pour ainsi dire tous les frais, fut remise en 1751 par le père Desmarets, jésuite, aux directeurs de la Providence des hommes, et qu'il n'y eut plus dès-lors qu'un régime et des administrateurs communs pour les deux établissemens, on s'accoutuma à appeller l'un *la Providence des hommes*, & l'autre, *la Providence des femmes.* Telle a été depuis l'unique distinction qui se soit conservée entre les bienfaits de Castelveyre et ceux de Dolioules.

Elle n'a cependant pas suffi pour rappeller l'un et l'autre, et l'on en a une preuve évidente par la notice qu'on lit dans l'almanach de Saint-Domingue, où les deux Providences sont annoncées, comme ayant Turc de Castelveyre pour unique fondateur.

Et comment le vulgaire ne seroit-il pas excusé de son inscience à cet égard, quand la notice qui le trompe et qui condamne en quelque sorte Dolioules à un injuste oubli, est l'ouvrage de l'un des administrateurs des Providences, égaré lui-même par la coupable incurie de ses prédécesseurs. En effet il n'est jamais venu à la pensée d'aucun d'eux de placer dans un lieu quelconque de la Providence des femmes, le nom du citoyen estimable qui l'a fondée.

Cependant ils veulent ces administrateurs insoucians exciter la bienfaisance, et ils ignorent que l'ingratitude est propre à en étouffer les germes ! Pour un homme capable de faire le bien d'une manière utile mais obscure, combien croyent qu'il est un éclat qui embellit la vertu ! Publier les belles actions, c'est les provoquer, c'est échauffer encore les ames susceptibles de les produire, c'est enfin leur offrir le seul tribut digne d'elles, l'hommage de la reconnoissance publique.

Et pourquoi confondre Dolioules avec Castelveyre ? Pourquoi enrichir l'un aux dépens de l'autre ? Chacun d'eux peut se passer de cette réunion, et il semble même que leur émulation est un titre de plus. Castelveyre s'est emparé d'un sexe, et Dolioules en s'attendrissant sur les infortunes de l'autre, n'a ni moins mérité, ni moins à obtenir. A la vérité, en visitant les deux Providences, un être sensible qui voit de toute part l'humanité souffrante ou malheureuse accueillie par une pitié consolante, ne distingue pas les sexes, et son cœur et son esprit ne doivent pas séparer et Dolioules et Castelveyre, dont les vertus se confondent mais si l'on prenoit soin de lui apprendre que deux individus se sont ainsi disputés sa reconnoissance, il s'enorgueilliroit peut-être encore plus d'être homme ; et son souvenir conserveroit leurs deux noms avec un égal intérêt.

Puissent mes efforts servir à faire distinguer, à l'avenir, et Castelveyre & Dolioules ; sauf à les confondre à jamais dans les mouvemens de cette juste admiration, qui a déterminé la Société royale des Sciences et Arts du Cap, à proposer leurs deux Éloges par le même programme, afin qu'ils fussent, sinon communs, du moins contemporains comme leurs bienfaits.

www.ingramcontent.com/pod-product-compliance
Ingram Content Group UK Ltd.
Pitfield, Milton Keynes, MK11 3LW, UK
UKHW020418220726
13923UKWH00005B/2027